προσέγγιση στην ανθρωπιστική ψυχολογία. Στα έργα του, ο Μάσλοου μελέτησε τη δομή των ανθρώπινων αναγκών. Οι αναγνώστες και οι υποστηρικτές του τυποποίησαν αργότερα τις θέσεις του με τη μορφή πυραμίδας.

- Υπάρχουν πέντε επίπεδα αναγκών:

- φυσιολογικές ανάγκες

- ανάγκες ασφάλειας

- ανάγκη για αναγνώριση

- ανάγκη για εκτίμηση

- ανάγκη για αυτοπραγμάτωση.

Κάθε μία από αυτές τις κατηγορίες αντιστοιχεί σε ανθρώπινες δραστηριότητες. Το μοντέλο αυτό έχει χρησιμοποιηθεί ευρέως στα οικονομικά και στον επιχειρηματικό κόσμο, ιδίως στο μάρκετινγκ και τη διοίκηση. Στο τέλος αυτής της μελέτης θα δούμε πώς ο οικονομικός τομέας χρησιμοποιεί το μοντέλο με ένα παράδειγμα από τη βιομηχανία τροφίμων.

Ορισμός του μοντέλου

Η πυραμίδα των αναγκών, που ονομάζεται επίσης πυραμίδα του Μάσλοου, προσφέρει ένα μοντέλο για τον καθορισμό των αναγκών των ανθρώπων, από τις πιο βασικές λειτουργίες (φαγητό, ύπνος κ.λπ.) έως τις πιο ικανοποιητικές (αυτοβελτίωση, άσκηση τέχνης ή αθλητισμού κ.λπ.). Ο Maslow ήταν ψυχολόγος, αλλά το μοντέλο του, που συνοψίζεται σε μια πυραμίδα, έχει χρησιμοποιηθεί στην οικονομία και στον κόσμο των επιχειρήσεων. Προσφέρει έναν απλό και αποτελεσματικό τρόπο εντοπισμού των διαφόρων αναγκών, αρκεί να εξετάζονται ως σύνολο και όχι ως διαδοχικά στάδια.

ΘΕΩΡΙΑ

Η μικροοικονομική αφορά φυσικά τις συνθήκες που οδηγούν στην ανταλλαγή στην αγορά. Η πυραμίδα του Maslow τοποθετείται μπροστά από αυτά τα συμπεράσματα, ακριβώς στην αφετηρία της ζήτησης: τις ανάγκες.

ΤΑ ΠΕΝΤΕ ΕΠΙΠΕΔΑ ΑΝΑΓΚΩΝ

Επίπεδο προς επίπεδο, ο Maslow συγκεντρώνει τις διάφορες ανθρώπινες ανάγκες. Δεν αναφέρει άμεσα μια μορφή πυραμίδας, αλλά μια ιεραρχία σπουδαιότητας: μόλις ικανοποιηθεί μια οικογένεια, εμφανίζονται αμέσως άλλες ανάγκες. Καθώς η ιεράρχηση των αναγκών του Maslow καλύπτει πολλούς τομείς, συμπεριλαμβανομένης της προσωπικής ανάπτυξης, είναι χρήσιμο να χρησιμοποιήσουμε τους όρους που χρησιμοποιεί ο ίδιος ο συγγραφέας προκειμένου να κατανοήσουμε την ουσία της έννοιας.

- Το πρώτο επίπεδο είναι αυτό των **φυσιολογικών αναγκών**. Το φαγητό, το ποτό, ο ύπνος, η αναπνοή κ.λπ. είναι λειτουργίες που σχετίζονται με την ατομική επιβίωση. Εφόσον πρόκειται για βασικές, ζωτικές ανάγκες, είναι προφανώς οι πιο σημαντικές: ξεπερνούν σίγουρα τις ανάγκες για ασφάλεια, εκτίμηση κ.λπ.

- Στη συνέχεια, οι **ανάγκες ασφάλειας**. Μπορεί να σκέφτεστε αμέσως τη σωματική ακεραιότητα, αλλά αυτή η κατηγορία δεν περιορίζεται μόνο σε αυτήν – η προστασία από κλοπή και ζημιές εμπίπτει επίσης σε αυτή την κατηγορία.

Ο Maslow αναφέρει ότι οι ανάγκες ασφάλειας οδηγούν τους ανθρώπους να προτιμούν το οικείο, παρά το άγνωστο.

- Όταν ικανοποιούνται αυτοί οι δύο τύποι αναγκών, εμφανίζονται εκείνες που σχετίζονται με την αγάπη, τη στοργή ή τις κοινωνικές σχέσεις (η **ανάγκη του ανήκειν**). Αυτή η τρίτη κατηγορία λαμβάνει υπόψη την κοινωνική φύση του ανθρώπου.

- Αυτό οδηγεί στο τέταρτο επίπεδο της πυραμίδας, που είναι η **ανάγκη για εκτίμηση ή αναγνώριση**. Αυτή η κατηγορία αναφέρεται στις ανάγκες που σχετίζονται με το κύρος, την απασχόληση, τη δύναμη και τα χρήματα που μας καθορίζουν στην κοινωνία.

- Τέλος, στην κορυφή της πυραμίδας βρίσκεται η **ανάγκη για προσωπική καταξίωση**. Ενώ οι ανάγκες των κατώτερων επιπέδων εξαρτώνται από τις αντιλήψεις των άλλων, οι ανάγκες στην κορυφή της πυραμίδας σχετίζονται με την ανάπτυξη της προσωπικότητας του ατόμου. Σύμφωνα με τον Μάσλοου, οι ανάγκες αυτές μπορούν να πάρουν οποιαδήποτε μορφή, αρκεί να ταιριάζουν με τις ατομικές επιθυμίες του ατόμου. Με άλλα λόγια, αν θέλω να γίνω γιατρός, για παράδειγμα, μια ανάγκη που σχετίζεται με το να γίνω γιατρός, όπως η ανάγκη να γνωρίζω πώς λειτουργεί το ανθρώπινο σώμα, εμφανίζεται αυτόματα.

Σύμφωνα με τη θεωρία του Maslow, θα πρέπει να ικανοποιείτε τις ανάγκες κάθε επιπέδου, πριν προχωρήσετε στο επόμενο. Θα φοβόταν κάποιος για την ασφάλεια των πραγμάτων του αν δεν είχε τίποτα να φάει; Θα νοιαζόταν κάποιος για τις κοινωνικές του σχέσεις ενώ δέχεται επίθεση από μια ομάδα πλιατσικολόγων; Σε τι ωφελεί η αναγνώριση από τους άλλους χωρίς να είναι ενταγμένος σε μια κοινωνική ομάδα; Και πόσο ολοκληρωμένος μπορεί να αισθάνεται κάποιος χωρίς καλή αυτοεκτίμηση; Πρόκειται επομένως για ένα δυναμικό μοντέλο, όχι για μια αυστηρά ιεραρχική παρουσίαση.

Ο Maslow θέτει την ατομική ανάπτυξη σε προοπτική, υποθέτοντας ότι τα άτομα επιδιώκουν πάντα μια καλή ποιότητα ζωής. Στην πραγματικότητα, οι ανάγκες δεν είναι οι ίδιες για όλους και ποικίλλουν επίσης με την πάροδο του χρόνου. Επιπλέον, άλλοι τύποι αναγκών μπορεί να αναδυθούν με διαφορετική σημασία ανάλογα με τους ανθρώπους και τις περιστάσεις και να συνυπάρχουν παράλληλα με αυτές που αντιπροσωπεύονται στην πυραμίδα.

ΑΝΑΓΚΕΣ: ΑΠΟ ΤΑ ΟΙΚΟΝΟΜΙΚΑ ΣΤΟ ΜΑΡΚΕΤΙΝΓΚ

Σε σύγκριση με τις πολλές ανάγκες που σχετίζονται με τις κοινωνικές σχέσεις και τους ανθρώπους, η ανάγκη για διαθέσιμα αγαθά φαίνεται να είναι πολύ περιορισμένη. Ωστόσο, η οικονομική λογική ενδιαφέρεται περισσότερο για τη χρησιμότητα – δηλαδή τη λειτουργία μιας πρόσθετης μονάδας ενός προϊόντος για τον καταναλωτή – παρά για την ανάγκη, χωρίς να δίνει προτεραιότητα στα ίδια τα αγαθά.

Η ανάλυση των αναγκών αφορά περισσότερο το μάρκετινγκ και τη διαχείριση. Οι ανάγκες μελετώνται κυρίως στο επίπεδο της επιχείρησης και της τοποθέτησής της στην αγορά. Οι ψυχολόγοι συμφωνούν ότι οι υπαρξιακές και οι βασικές ανάγκες είναι σχετικά περιορισμένες, αλλά υπάρχει πάντα μια ανάγκη -που θεωρείται ως έλλειψη ή επιθυμία- για το προϊόν από τον καταναλωτή.

Οι έμποροι το γνωρίζουν αυτό και αναφέρονται συνεχώς στην περίφημη πυραμίδα του Maslow. Η τοποθέτηση ενός προϊόντος ή μιας υπηρεσίας στην πυραμίδα μας οδηγεί στο να εξετάσουμε και να αναπτύξουμε στρατηγικές προώθησης που μερικές φορές είναι πολύ διαφορετικές. Για παράδειγμα, δεν θα προωθούσαμε ένα βασικό προϊόν ως προϊόν υψηλής τεχνολογίας. Είναι επίσης δυνατόν ένα προϊόν ή μια υπηρεσία να ικανοποιεί διαφορετικά επίπεδα αναγκών- τότε είναι απαραίτητο να προσαρμόσουμε το μήνυμα ανάλογα με τους καταναλωτές-στόχους.

ΠΕΡΙΟΡΙΣΜΟΙ ΚΑΙ ΕΠΕΚΤΑΣΕΙΣ

ΠΕΡΙΟΡΙΣΜΟΙ ΚΑΙ ΚΡΙΤΙΚΕΣ

Όπως όλες οι κλασικές θεωρίες των κοινωνικών επιστημών, η πυραμίδα των αναγκών έχει αποτελέσει αντικείμενο κριτικής ερμηνείας. Επισημαίνονται διάφορες αδυναμίες του μοντέλου, αν και ορισμένες είναι αντιφατικές:

- **Η έλλειψη αποχρώσεων στην ιεραρχία των αναγκών.** Ορισμένες φυσικές λειτουργίες είναι πιο σημαντικές από άλλες. Μπορείτε να μείνετε χωρίς φαγητό για αρκετές ημέρες, αλλά μπορείτε να σταματήσετε να αναπνέετε μόνο για λίγα λεπτά.

- **Η αμφισβητήσιμη ιεραρχία.** Δεν λαμβάνει υπόψη το γεγονός ότι οι άνθρωποι είναι κοινωνικά όντα. Μπορεί πραγματικά η ανάγκη για φαγητό να τεθεί πάνω από τη διατήρηση των ανθρώπινων σχέσεων ή την αυτοβελτίωση; Χωρίς τροφή, ο άνθρωπος δεν μπορεί να επιβιώσει. Χωρίς επαρκή αλληλεπίδραση με τους άλλους, η ψυχική κατάσταση ενός ατόμου θα επιδεινωθεί, οδηγώντας το στην τρέλα ή ακόμη και στην αυτοκτονία.

- **Ο εθνοκεντρισμός του μοντέλου.** Όλες οι μελέτες διεξήχθησαν σε δυτικούς πληθυσμούς, με αποτέλεσμα μια προσέγγιση που εφαρμόζεται μόνο σε πλούσιους, ανεπτυγμένους πολιτισμούς.

Με εξαίρεση αυτό το τελευταίο σημείο, οι επικρίσεις που συνδέονται με την έλλειψη ή την υπέρβαση της ιεραρχίας αναφέρονται στην πραγματικότητα περισσότερο στις χρήσεις που αναπτύχθηκαν για τη θεωρία του Maslow παρά στην ίδια τη θεωρία. Στην πραγματικότητα, η μορφή της πυραμίδας δεν εμφανίζεται στο έργο του Maslow και κρύβει τη δυναμική κίνηση που προέβλεπε μεταξύ των διαφόρων αναγκών.

Η οριακή χρήση στις δημόσιες υπηρεσίες

Η χρήση της πυραμίδας του Maslow στα οικονομικά παραμένει αρκετά περιορισμένη. Είναι αδύνατο να αναλυθεί ο καθορισμός των τιμών ανάλογα με το επίπεδο της ανάγκης. Η εφαρμογή σχετίζεται περισσότερο με την οριακή χρησιμότητα ενός αγαθού (όπως κατέδειξαν οι οικονομολόγοι Léon Walras (1834-1910), William Stanley Jevons (1835-1882) και Carl Menger (1840-1921) τον 19ο αιώνα), δηλαδή την ικανοποίηση που παρέχει μια πρόσθετη μονάδα, παρά με το επίπεδό της στην πυραμίδα του Maslow.

Να θυμάστε ότι η πυραμίδα του Maslow δεν είναι μια ταξινόμηση όλων των αναγκών και επιθυμιών των οικονομικών παραγόντων, αλλά ένα μοντέλο πέντε βημάτων για την ανθρώπινη ολοκλήρωση. Όταν εξετάζεται με αυτόν τον τρόπο, η πυραμίδα αυτή μπορεί να χρησιμεύσει ως στήριγμα για τις παρεμβάσεις των δημόσιων φορέων στην οικονομία: ρύθμιση της παραγωγής τροφίμων και προστασία της ποιότητας του αέρα (φυσιολογικές ανάγκες), επιβολή του νόμου και της τάξης (ανάγκες ασφάλειας), εξασφάλιση της κοινωνικοποίησης των παιδιών, ιδίως στο σχολείο (αγάπη και ανήκειν), κ.λπ. Είναι πιο δύσκολο να εξεταστεί μια απάντηση στα δύο ανώτερα επίπεδα της πυραμίδας. Η δημόσια ραδιοτηλεόραση, η τριτοβάθμια εκπαίδευση και οι επενδύσεις στον πολιτισμό μπορούν ίσως να κατανοηθούν ως συλλογικές απαντήσεις στις ανάγκες για αυτοπραγμάτωση και αναγνώριση από τους άλλους.

ΣΧΕΤΙΚΑ ΜΟΝΤΕΛΑ ΚΑΙ ΕΠΕΚΤΑΣΕΙΣ

Η θεωρία των αναγκών του Henderson

Έχουν προταθεί και άλλα μοντέλα, όπως το μοντέλο που επινόησε η Virginia Henderson (Αμερικανίδα νοσηλεύτρια, 1897-1996), το οποίο προσδιορίζει 14 ανάγκες που παρουσιάζονται σε ένα πλέγμα. Το μοντέλο αυτό χρησιμοποιείται ευρέως στον ιατρικό κόσμο. Ωστόσο, η πρόσθετη συμβολή αυτού του μοντέλου δεν είναι σαφής. Όλες οι κατηγορίες που προσδιορίστηκαν εμπίπτουν στις πέντε μεγάλες κατηγορίες της πυραμίδας του Maslow. Επίσης, αν τα όρια αυτού του μοντέλου είναι άμεσα εμφανή, είναι δύσκολο να δικαιολογηθεί αυτή η νέα ταξινόμηση.

Θεωρία ERG

Το 1969, ο Αμερικανός ψυχολόγος Clayton Alderfer (γεννημένος το 1940) παρουσίασε τη θεωρία ERG (Existence, Relatedness and Growth), η οποία είναι στην πραγματικότητα μια πιο συνοπτική εκδοχή της πυραμίδας του Maslow. Αντί για πέντε επίπεδα, η θεωρία ERG προσδιορίζει τρία: τις ανάγκες ύπαρξης (τροφή, ένδυση, ασφάλεια κ.λπ.), τις ανάγκες συνάφειας (σύνδεση με άλλα άτομα) και τις ανάγκες ανάπτυξης (ανάπτυξη, δημιουργικότητα, αίσθηση ζωής, αυτοεκτίμηση κ.λπ.). Ο Alderfer δεν είχε ως στόχο να αναδιαμορφώσει τις κατηγορίες του Maslow. Γι' αυτόν, το άτομο πρέπει να ικανοποιεί αυτές τις ανάγκες ταυτόχρονα και όχι τη μία μετά την άλλη ανεβαίνοντας τα επίπεδα της πυραμίδας. Εάν οι ανάγκες ανάπτυξης δεν ικανοποιηθούν, αυτό θα επηρεάσει την κοινωνική συμπεριφορά και τις βασικές λειτουργίες, όπως ο ύπνος και το φαγητό. Σύμφωνα με τον ψυχολόγο, η δυναμική των αναγκών είναι πιο ολοκληρωμένη από ό,τι στο μοντέλο του Maslow. Το μοντέλο του υπήρξε ιδιαίτερα επιτυχημένο στους τομείς της διοίκησης και της εργασιακής ψυχολογίας.

ΠΡΑΚΤΙΚΗ ΕΦΑΡΜΟΓΗ

Όπως είδαμε, η πυραμίδα του Maslow έχει την πιο συγκεκριμένη οικονομική εφαρμογή της στο μάρκετινγκ. Δεν αποτελεί έκπληξη το γεγονός ότι όλο και περισσότερα μοντέλα από την ψυχολογία χρησιμοποιούνται για σκοπούς μάρκετινγκ, καθώς η έννοια του μάρκετινγκ βασίζεται στην κατανόηση και την πρόβλεψη της συμπεριφοράς των καταναλωτών.

ΠΡΟΪΟΝΤΑ ΚΑΙ ΑΝΑΓΚΕΣ

Αντί να εμμένετε στην κατηγοριοποίηση κάθε προϊόντος ή υπηρεσίας σε ένα επίπεδο της πυραμίδας, είναι προτιμότερο να εξετάσετε ποια λειτουργία μπορεί να καλύψει τις περισσότερες ανάγκες.

Ένα προϊόν, μια ανάγκη

Η πιο βασική εφαρμογή είναι ο προσδιορισμός του επιπέδου της πυραμίδας στο οποίο βρίσκεται το προϊόν ή η υπηρεσία που θέλετε να προωθήσετε: τα τρόφιμα και η βασική υγιεινή ανήκουν στο κατώτερο επίπεδο, ενώ τα πολιτιστικά προϊόντα στην κορυφή. Αυτή η ταξινόμηση φαίνεται εξαιρετικά υποτυπώδης, αλλά έχει νόημα. Η οργάνωση των ραφιών των σούπερ μάρκετ το δείχνει αυτό, καθώς τα προϊόντα τους κατηγοριοποιούνται ανάλογα με το είδος και τη χρήση τους.

Τα πιο βασικά προϊόντα αποτελούν συχνά μέρος αυτής της διαδικασίας. Αυτό ισχύει ιδιαίτερα για τα βασικά τρόφιμα.

Οι συσκευασίες ζυμαρικών ή πατάτας καλύπτουν μόνο το πρώτο επίπεδο της πυραμίδας: έχουν σχεδιαστεί για να τρέφονται. Αλλά αυτή η στρατηγική σπάνια είναι αρκετή από μόνη της. Να θυμάστε ότι η πυραμίδα του Maslow είναι δυναμική και ένα καλό λανσάρισμα προϊόντος ή υπηρεσίας πρέπει να καλύπτει τον μέγιστο αριθμό αναγκών.

Μάρκετινγκ με την πυραμίδα

Η ανάπτυξη μιας προσφοράς για τους καταναλωτές έχει να κάνει με τη στόχευση σε όλα τα επίπεδα της πυραμίδας.

Για να κατανοήσετε πλήρως αυτή τη θεωρία, θα πρέπει να ορίσετε τις ανάγκες στο σύγχρονο πλαίσιο τους. Νέες λειτουργίες – οι οποίες δεν υπήρχαν στην εποχή του Maslow (20ός αιώνας) – έχουν εμφανιστεί στην κοινωνία. Για παράδειγμα, αν κάποιος μετακόμιζε τη δεκαετία του 1950, δεν θα πήγαινε τόσο γρήγορα ή τόσο μακριά όσο μπορούμε σήμερα: οι οικογένειες ήταν πιο κοντά μεταξύ τους και το σπίτι τους ήταν συνήθως δίπλα στον χώρο εργασίας τους. Εκτός από τους σκοπούς αναψυχής, η ανάγκη για ταξίδια μπορεί να θεωρηθεί φυσιολογική ανάγκη, καθώς επιτρέπει σε κάποιον να κερδίζει τα προς το ζην πηγαίνοντας στη δουλειά του ή να διατηρεί τις συναισθηματικές του σχέσεις επισκεπτόμενος φίλους και συγγενείς.

Το αυτοκίνητο είναι ένα εξαιρετικό παράδειγμα μιας στρατηγικής που εξελίσσεται μέσα στην πυραμίδα. Τα φθηνότερα μοντέλα περιορίζονται σε βασικά χαρακτηριστικά, ενώ τα ακριβότερα μοντέλα συνδυάζουν κύρος και άνεση. Σε κάθε περίπτωση, αυτό το είδος προϊόντος περιλαμβάνει πολλά επίπεδα της πυραμίδας: τη φυσιολογική ανάγκη για μετακίνηση, την ανάγκη αποφυγής των οχημάτων που είναι γνωστά για την αναξιοπιστία τους, την ένταξη στην κοινότητα των οδηγών των οποίων τα αυτοκίνητα είναι μιας συγκεκριμένης, γνωστής μάρκας και (για τα πιο προηγμένα μοντέλα) την ικανοποίηση από την κατοχή ενός ακριβού, πολυτελούς αγαθού.

Συνεπώς, το μάρκετινγκ προσπαθεί να καθιερώσει μια στρατηγική για την κάλυψη των υψηλότερων επιπέδων της πυραμίδας με προϊόντα που φαίνεται να καλύπτουν κυρίως το πρώτο επίπεδο αναγκών. Παρέχει επίσης μια αντίθετη λειτουργία, αν και αυτή είναι πιο δύσκολη. Όταν ένα προϊόν ή μια υπηρεσία προορίζεται για την αυτοεκτίμηση ή την ανάπτυξη της προσωπικότητας, μια μάρκα μπορεί να εστιάσει και να τονίσει τις φυσιολογικές πτυχές και την ασφάλεια της αγοράς, προκειμένου να προσελκύσει τον μεγαλύτερο αριθμό καταναλωτών να αγοράσουν το προϊόν. Σκεφτείτε τα καλλυντικά, όπου το branding εναλλάσσεται μεταξύ της ακτινοβόλου ομορφιάς (τέταρτο και πέμπτο επίπεδο) και της αυτοφροντίδας, της συντήρησης του δέρματος και του σώματος, η οποία αναφέρεται στις φυσιολογικές ανάγκες και τις ανάγκες ασφάλειας.

Το μάρκετινγκ και η ανάγκη για αγάπη και ένταξη

Τι γίνεται με το τρίτο επίπεδο της πυραμίδας; Φαίνεται γελοίο να φανταστεί κανείς προϊόντα που θα μπορούσαν να καλύψουν την ανάγκη για αγάπη. Ο Maslow τοποθετεί σε αυτή την κατηγορία τους δεσμούς φιλίας ή αγάπης, οι οποίοι είναι δύσκολο να ικανοποιηθούν από την αγορά (αν και η επιτυχία των ιστοσελίδων γνωριμιών δείχνει ότι υπάρχει θέση για τους μεσάζοντες στο θέμα), καθώς και την ένταξη σε κοινωνικές ομάδες.

Για μεγάλο χρονικό διάστημα, το μάρκετινγκ έπαιζε με το κύρος ενός προϊόντος για να ενθαρρύνει τον καταναλωτή να το αγοράσει. Από τα τέλη ^{του 19ου αιώνα}, ο κοινωνιολόγος και οικονομολόγος Thorstein Veblen (1857-1929) είχε εντοπίσει ένα σφάλμα στο μοντέλο του homo economicus.

ΠΡΟΣΘΕΤΕΣ ΠΛΗΡΟΦΟΡΙΕΣ: HOMO ECONOMICUS

Η έννοια του οικονομικού ανθρώπου, homo economicus στα λατινικά, αντανακλά τη θεωρητική συμπεριφορά των ανθρώπων. Με βάση αυτή την αφηρημένη αναπαράσταση, οι θεωρητικοί σε διάφορους τομείς σκέφτονται τις πιθανές αλληλεπιδράσεις μεταξύ του ανθρώπου που απεικονίζεται εδώ και των εννοιών που αναπτύσσουν.

Φυσικά, μεγιστοποιούμε τη χρησιμότητα όσων αγοράζουμε, αλλά η μίμηση, ακόμη και ο σνομπισμός, δεν λείπουν από τις αποφάσεις μας. Η ανάλυση αυτή αποτελεί επέκταση της έννοιας που ανέπτυξε ο Γάλλος κοινωνιολόγος Pierre Bourdieu (1930-2002): οι κοινωνικές μας πρακτικές, και συνεπώς οι αγορές μας, συχνά ανταποκρίνονται στην επιθυμία να ξεχωρίσουμε από τους συνομηλίκους μας μιμούμενοι τις πρακτικές των ανώτερων κοινωνικών τάξεων. Αγοράζοντας ένα προϊόν (αυτοκίνητο, άρωμα κ.λπ.) ο καταναλωτής μπορεί επίσης να ικανοποιήσει την ανάγκη του για κοινωνική αναγνώριση.

Αν και δεν πρόκειται για μια νέα τάση, έχει ιδιαίτερη ισχύ όταν αναπτύσσονται πολλαπλές ταυτότητες και κοινοτικοί δεσμοί, οι οποίοι υποστηρίζονται, αν όχι ξεκινούν, από την τεχνολογία των πληροφοριών και των επικοινωνιών, ιδίως από τα κοινωνικά δίκτυα. Ορισμένες μάρκες εκμεταλλεύονται τέλεια την αίσθηση του ανήκειν που συνδέεται με την απλή κατοχή του προϊόντος. Σκεφτείτε πώς η Apple δημιούργησε μια κοινότητα χρηστών από τη δεκαετία του 1980: ξεκινώντας από τον μικρόκοσμο των γραφίστες και των επαγγελματιών της εικόνας, αυτή η κοινότητα, στην οποία πολλοί χρήστες θεωρούν τους εαυτούς τους μέλη, αναπτύχθηκε εκθετικά χάρη στη μαζική αγορά και το μάρκετινγκ των προϊόντων-ναυαρχίδων της (iPhone, iPad κ.λπ.). Το Facebook, το Twitter και όλα τα κοινωνικά δίκτυα χρησιμοποιούν επίσης αυτή τη στρατηγική και βασίζονται στην αίσθηση του ανήκειν, η οποία, στην προκειμένη περίπτωση, βρίσκεται στην καρδιά του επιχειρηματικού τους μοντέλου, με το πλεονέκτημα της δωρεάν χρηματοδότησης που σχετίζεται με τη διαφήμιση.

ΜΕΛΕΤΗ ΠΕΡΙΠΤΩΣΗΣ – ΒΙΟΜΗΧΑΝΙΑ ΤΡΟΦΙΜΩΝ

Τέλος, ας εξετάσουμε λεπτομερέστερα έναν οικονομικό τομέα: τη βιομηχανία τροφίμων. Ο τομέας αυτός έχει σχεδιαστεί ιδιαίτερα καλά ώστε να ικανοποιεί όλα τα επίπεδα της πυραμίδας και να συνεχίζει να αναπτύσσει πιο καινοτόμα προϊόντα.

Τρόφιμα για τη διατροφή

Φυσικά, η βιομηχανία τροφίμων καλύπτει μια φυσιολογική ανάγκη: την ανάγκη για φαγητό. Δεν χρειάζεται να σταθούμε σε αυτή την πτυχή, παρά μόνο να τονίσουμε ότι η αξία ενός βιομηχανικού τομέα παραμένει περιορισμένη αν ανταποκρίνεται μόνο σε μια αυστηρή ανάγκη. Προκειμένου να αναπτυχθεί, η αλυσίδα αξίας έχει επίσης ενσωματώσει πολλούς διαφορετικούς σκοπούς, εκτός από την απλή ικανοποίηση της πείνας.

Τρόφιμα για προστασία

Η βιομηχανία τροφίμων βασίζεται επίσης στην ασφάλεια. Λόγω των κανονισμών που διέπουν την παρασκευή των προϊόντων, η βιομηχανία είναι υποχρεωμένη να προσφέρει πιο πιστοποιημένα τρόφιμα σε σχέση με τους παλιούς βιοτεχνικούς παραγωγούς (ωστόσο, πρέπει να επισημανθεί ότι το επιχείρημα αυτό ίσχυε την εποχή της ανάπτυξης, αλλά τώρα τα βιοτεχνικά προϊόντα υπόκεινται επίσης σε αυστηρά πρότυπα υγιεινής). Κάποτε, η οικιακή κονσερβοποίηση εξέθετε πολλές οικογένειες στον κίνδυνο αλλαντίασης (ένα είδος τροφικής δηλητηρίασης με σοβαρές συνέπειες), κάτι που δεν αποτελούσε κίνδυνο με τη βιομηχανική κονσερβοποίηση.

Σήμερα, έχει προστεθεί ένα δεύτερο επίπεδο ασφάλειας, καθώς οι κατασκευαστές έχουν επενδύσει στη θέση των "λειτουργικών τροφίμων", γνωστών και ως nutraceuticals. Η μαργαρίνη που μειώνει τη χοληστερίνη, το εμπλουτισμένο γάλα (που ενθαρρύνει την ανάπτυξη των παιδιών), τα δημητριακά που βοηθούν στην πέψη ή το μεταλλικό νερό που ενισχύει το ανοσοποιητικό σύστημα έχουν ευδοκιμήσει στα σούπερ μάρκετ. Οι ισχυρισμοί τους για την υγεία ελέγχονται επίσης όλο και πιο αυστηρά.

Τρόφιμα για κοινωνικοποίηση

Το φαγητό, ιδίως στον δυτικό κόσμο, είναι βαθιά ενσωματωμένο στον πολιτισμό μας. Το γεύμα είναι πηγή συναναστροφής και ώρα για μοίρασμα. Οι βιομηχανικοί προμηθευτές έχουν φυσικά αδράξει την ευκαιρία να προσφέρουν προϊόντα που καλύπτουν αυτή την ανάγκη για ένταξη και κοινωνικούς δεσμούς. Ακολουθούν τρία παραδείγματα που εμπίπτουν σε αυτή την κατηγορία:

- "παραδοσιακά" έτοιμα γεύματα που ισχυρίζονται ότι αναβιώνουν τις παραδόσεις και φέρνουν τον καταναλωτή πιο κοντά στη γαστρονομική ταυτότητα της χώρας του,

- εορταστικά και καινοτόμα προϊόντα, όπως σνακ ή επιδόρπια που δημιουργούν μια ορισμένη δόση κοινωνικότητας,

- μεγάλες μάρκες με διαφορετικά προϊόντα για διαφορετικές αγορές-στόχους, ιδίως εκείνες με προϊόντα που βασίζονται στην παιδική ηλικία, που διαπερνούν τις γενιές και εστιάζουν στη γεύση των τροφίμων που αποτελεί κοινή ταυτότητα για όλους όσοι τα καταναλώνουν, δημιουργώντας συνέχεια μεταξύ γονέων και παιδιών (Nutella, Haribo, Kinder, Banania κ.λπ.).

Η ανάπτυξη των τμημάτων halal, kosher και ασιατικών προϊόντων στα σούπερ μάρκετ ταιριάζει επίσης με την πλευρά της ταυτότητας των τροφίμων, βοηθώντας τους μεταναστευτικούς πληθυσμούς να διατηρήσουν μια σύνδεση με τον πολιτισμό της πατρίδας τους μέσω των αγορών τους.

Τρόφιμα για την έκφραση αξιών

Πιο πρόσφατα, η βιομηχανία τροφίμων ασχολήθηκε με το θέμα των αξιών, αυτή τη φορά όχι απαραίτητα με την οικονομική έννοια. Μετά την ταυτόχρονη εμφάνιση των μεγάλων αλυσίδων λιανικής πώλησης και τη βιομηχανοποίηση των τροφίμων, υπήρχαν πολλά ερωτήματα προς απάντηση. Η ανησυχία για τους ΓΤΟ, η κρίση της νόσου των τρελών αγελάδων τη δεκαετία του 1990, ακολουθούμενη από τη διαμάχη για τις ορμόνες του βοείου κρέατος, οι διαδοχικές εκστρατείες για την παχυσαρκία και την υπερβολική ζάχαρη στα τρόφιμά μας οδήγησαν τους καταναλωτές να ζητούν περαιτέρω εξηγήσεις. Η περιβαλλοντική ευαισθητοποίηση και η αναζήτηση διακριτών διαφοροποιήσεων σε έναν παγκοσμιοποιημένο κόσμο έχουν ενισχύσει αυτή την προσδοκία.

Αυτή η ανάγκη για ένταξη και αξία οδήγησε σε ετικέτες, ονόματα και άλλες κατευθυντήριες γραμμές που διαδόθηκαν στον τομέα των τροφίμων. Η "βιολογική γεωργία", το "δίκαιο εμπόριο" και τα "περιφερειακά προϊόντα" έχουν γίνει ετικέτες που βλέπουμε συνεχώς στα ράφια. Παρέχουν πληροφορίες σχετικά με την ποιότητα ή την προέλευση των τροφίμων, μαζί με πληροφορίες για τις συνθήκες παραγωγής. Τα πεδία είναι πολύ ευρύτατα: αποζημίωση των τοπικών εργατών, μη χρήση φυτοφαρμάκων, σεβασμός των αρχαίων γαστρονομικών παραδόσεων κ.λπ. Ο καθένας είναι ελεύθερος να επιλέξει τα προϊόντα που προτιμά, αρκεί η ετικέτα να ταιριάζει με τις αξίες του.

Τροφή για προσωπική ανάπτυξη

Τέλος, το φαγητό – και συνεπώς η βιομηχανία τροφίμων – αντικατοπτρίζει επίσης το ανώτατο επίπεδο της πυραμίδας, δηλαδή την αυτοπραγμάτωση και την προσωπική ολοκλήρωση.

Τα προϊόντα υψηλής ποιότητας, όπως τα εξαιρετικά κρασιά, ο χειροποίητος καφές, η εκλεκτή σοκολάτα ή τα σπάνια τσάγια, ενθουσιάζουν τους καταναλωτές πέρα από την απλή ανάγκη να ικανοποιήσουν την πείνα ή τη δίψα. Η γαστρονομία, αν όχι τέχνη, είναι σίγουρα μια τέχνη αριστείας που ικανοποιεί την ανάγκη του καταναλωτή για ολοκλήρωση. Αυτό ενσαρκώνεται σίγουρα από τους σπουδαίους σεφ ή αρτοποιούς, αλλά έχει επίσης διέξοδο στη βιομηχανία τροφίμων.

Η προσφορά στους καταναλωτές της απλής δυνατότητας να αναλάβουν οι ίδιοι μέρος της συνταγής μπορεί επίσης να ικανοποιήσει την ανάγκη για ολοκλήρωση. Γι' αυτό ο κλάδος παρέχει σετ για την παρασκευή τηγανίτες ή κέικ, ενώ προσφέρει επίσης πολλά προπαρασκευασμένα προϊόντα που βοηθούν στο μαγείρεμα "σπιτικών πιάτων", επιτρέποντας στους καταναλωτές να βοηθήσουν στην παρασκευή τους και δίνοντάς τους έτσι την ευκαιρία να εκφράσουν τη δημιουργικότητά τους.

ΠΕΡΙΛΗΨΗ

- Η πυραμίδα των αναγκών προσφέρει ένα μοντέλο πέντε επιπέδων που κατηγοριοποιούν τις ανθρώπινες ανάγκες.

- Αυτό το δυναμικό μοντέλο περιγράφει λεπτομερώς τα πέντε διαδοχικά βήματα που είναι απαραίτητα για την ανθρώπινη ανάπτυξη: φυσιολογικές ανάγκες, αίσθηση ασφάλειας, αναγνώριση, αυτοεκτίμηση και ολοκλήρωση.

- Θεωρήθηκε από τον Αμερικανό ψυχολόγο Αβραάμ Μάσλοου, αλλά σπάνια χρησιμοποιήθηκε στα οικονομικά, επειδή δεν λέει τίποτα για τη συγκεκριμένη ανάπτυξη της ζήτησης, δηλαδή τη μετατροπή της επιθυμίας του πελάτη σε αγορά.

- Αν και η απλότητά του έχει επικριθεί, εξακολουθεί να αποτελεί ισχυρό σημείο του μοντέλου. Η πυραμίδα χρησιμοποιείται ευρέως στο μάρκετινγκ, καθώς η τοποθέτηση ενός προϊόντος ή μιας υπηρεσίας στην πυραμίδα, προσπαθώντας, αν είναι δυνατόν, να καλύψει ανάγκες σε διάφορα επίπεδα, οδηγεί στην ανάπτυξη μιας σχετικής στρατηγικής.

ΠΕΡΑΙΤΕΡΩ ΑΝΑΓΝΩΣΗ

ΒΙΒΛΙΟΓΡΑΦΙΑ

Bouchiki, H., Cerdin, J-L., Dornier, P-P., Esnault, B., Le Nagard-Assayag, E. and Mottis, N. (2001) *Invitation au management*. Paris: Presses universitaires de France.

Fenouillet, F. (Χωρίς ημερομηνία) Modèle hiérarchique des besoins. *La motivation, un concept puzzle*. [Online]. [Πρόσβαση 5 Μαΐου 2014]. Διαθέσιμο από: < http://www.lesmotivations.net/spip.php?article40>

Jacquemin, A., Tulkens, H. and Mercier, P. (2000) *Fondements d'économie politique*. [3rd έκδοση]. Βρυξέλλες: Boeck University.

Lambin, J.-J. and Moerloose, C. (2012) *Marketing stratégique et opérationnel*. [8th edition]. Paris: DUNOD.

Maslow, A. (2003) *Devenir le meilleur de soi-même : besoins fondamentaux, motivations et personnalité*. Paris : Eyrolles.

Mias, L. (χωρίς ημερομηνία) Maslow, Henderson, soins. *Papidoc*. [Online]. [Πρόσβαση 5 Μαΐου 2014]. Διαθέσιμο από: < http://papidoc.chic-cm.fr/573MaslowBesoins.html>

Ο εκδότης διασφαλίζει την αξιοπιστία των πληροφοριών που δημοσιεύονται, η οποία όμως δεν μπορεί να αποτελέσει ευθύνη του.

Κύριο ISBN: 9782808600187
ISBN: 9782808601634
Νόμιμη κατάθεση: D/2022/12603/164

Ψηφιακός σχεδιασμός: Primento,
ο ψηφιακός συνεργάτης των εκδοτών.